ENTRE OMBRE ET LUMIÈRE :
J É R U S A L E M

Textes de Claire Tangy et Jacques Py
Repères biographiques de
Michèle Auer

D. BEN LOULOU

ENTRE OMBRE ET LUMIÈRE : JÉRUSALEM

PHOTOGALERIE
NEUCHÂTEL ET PARIS

à Sabrina

Sur dix mesures de beauté, une seule va au monde,
les neuf autres vont à Jérusalem.

Extrait du Talmud

« Je n'ai pas choisi de vivre en Israël, j'ai choisi de vivre à Jérusalem », aime à affirmer Didier Ben Loulou. Vivre à Jérusalem, ou vivre Jérusalem, c'est pour lui tenter d'interroger et de comprendre cette insaisissable cité obsédée par l'idée du centre et de l'éternité. On ne visite pas Jérusalem impunément, pas plus qu'on ne décide de s'y installer. Le choix de Didier Ben Loulou est un engagement au service d'une quête. Percer le mystère d'une ville convoitée et rêvée depuis des millénaires ? Certes pas, l'observer plutôt, l'interroger et inscrire au fil du temps, par touches successives et parcimonieuses, d'infimes fragments extraits de ces lieux. Avec la réserve qui s'impose, Didier Ben Loulou est à l'écoute, il pose son regard et recueille ce qu'une pierre ou un visage peuvent receler de mémoire, ce qu'une main, usée par le soleil et les travaux, dit de la force de la vie et de l'imminence de la mort. Ce faisant, il construit. Loin de l'idée d'une collection d'images sur Jérusalem, son travail est un. La mosaïque qu'il compose bâtit une seule image de cette ville plurielle, celle de l'infiniment petit qui construit l'infiniment grand.

A la genèse de ce livre, il y eut la rencontre de plusieurs volontés se mobilisant autour du travail de Didier Ben Loulou. C'est ainsi qu'entre Caen, Genève et Jérusalem, un pont s'est construit, réunissant dans une même détermination et un même désir quelques personnes. Que soient ici remerciés Michèle et Michel Auer, responsables de la collection Photogalerie, les Editions Ides et Calendes et Jacques Py, partenaire de l'artothèque de longue date, dont le regard attentif nous est particulièrement précieux. Cette publication, éditée à l'occasion de l'exposition présentée à Caen à l'automne 1996, marque le dixième anniversaire de l'artothèque de Caen. Que cet événement soit empreint des images de Didier Ben Loulou et de la présence de Jérusalem me réjouit.

Claire TANGY

Directrice de l'artothèque de Caen

Ten measures of beauty, only one is for the world,
the other nine are for Jerusalem.

Extract from the Talmud

"I didn't choose to live in Israel, I chose to live in Jerusalem", Didier Ben Loulou likes to say. For him, to live in Jerusalem and make it his life is to attempt to question and understand this elusive city obsessed with the eternal and the notion of being the centre of the world. Even to visit Jerusalem is hazardous, let alone to live there. Didier Ben Loulou's choice was his commitment to a quest. But he does not want to penetrate the mystery of this city, coveted and dreamed of by so many over thousands of years. Far from it... Rather, to observe it, to question it, and to gradually and prudently record minute fragments extricated from it. And with humility. Ever on the watch, Didier Ben Loulou captures the memory of a stone, a face, and that which a hand, worn by the sun and hard work, reveals of the life-force and the imminence of death. And in so doing, he creates something which is far from simply a collection of images of Jerusalem ; there is a totality and unity in his work. His mosaics reflect a singular image of this pluralistic city; the infinitely small as part of the infinitely large.

The idea for this book was the result of several enthusiastic people coming together, each motivated by the work of Didier Ben Loulou. By dint of mutual will and determination, a bridge was built between Caen, Geneva and Jerusalem. Accordingly, I should like to take this opportunity of thanking Michèle and Michel Auer, the creators of the Photogaleries collection, the publishers Ides et Calendes, and a long-standing partner of the Caen Artothèque, Jacques Py, whose watchful eye we have greatly appreciated.

This book, published to coincide with the Autumn '96 exhibition in Caen, marks the tenth anniversary of the Caen Art Library. I am delighted that this event will be accompanied by the images of Didier Ben Loulou and the presence of Jerusalem.

Claire Tangy
Director, Caen Artothèque

Entre ombre et lumière : la couleur

La couleur, l'artiste parle couleur,
et il répond à la couleur par la couleur.
Il vit dans son objet, au milieu de ce qu'il cherche
à saisir, et dans une tentation, un défi, des exemples,
des problèmes, une analyse, une ivresse perpétuels.
Il se peut qu'il ne voie ce à quoi il songe,
et songe ce qu'il voit.[1]

Paul Valéry

Je ne connais de lui, et rien d'autre, que ses photographies en couleur, intimement liées à cette ville de Jérusalem. Je ne sais de lui que des questions inquiètes et son désir de nous dépeindre d'inextricables imbrications entre des territoires et des hommes. Ainsi, dans ses partitions religieuses ou ethniques, ses morcellements topographiques et politiques, qui définissent une insaisissable cité, Didier Ben Loulou cherche, dans la couleur, la conjugaison des marques durables aux furtifs passages des ombres. Dans la cassure d'instants volés à la mémoire d'une ville, qui se rêve éternelle, l'image achoppe entre l'acuité d'une mise au point et l'évanescence d'un flou. Chaque lieu où l'histoire se fossilise dans la lumière irradiante de la pierre, la trace légère des craies et l'ombre absorbante le disputent au filé d'un geste, l'esquive d'une tête ou la dérobade d'un corps. Cette rupture inévitable entre le permanent et le fugace, est l'objet même du placement de sa couleur dans le cadre, comme si l'interstice de cette dissociation devait être le seul endroit où une cohésion photographique serait rendue possible.

Cette présence au monde, le photographe l'instruit physiquement du regard qu'il porte à l'histoire et à la géographie urbaine d'un lieu élu. Il a délibérément choisi d'y vivre la relation anxieuse de l'existence éphémère d'un individu confronté à la permanence d'un site trois fois millénaire, trois fois investi de monothéismes, édictant par trois fois des interdits à la représentation des êtres vivants. C'est ainsi, par cette adéquation indéfectible de l'auteur à cette ville, d'un moyen technique délibéré associé à un propos intentionnel que son œuvre prend sens et existe.

Des territoires et des hommes, il n'y a pas d'opposition, mais une mise en regard d'un même sujet. Ces photographies ne sont donc ni des paysages ni des portraits. Le visage s'y manifeste comme le miroir d'un espace. Il ne pose pas, mais par cette relation spéculaire, il dépose cette parcelle d'un lieu et il en est l'incarnat, la chair de sa couleur, saisie de la prise de vue à sa retranscription dans la texture même d'un tirage au charbon [2]. « La relation au visage est d'emblée éthique» comme l'écrit Emmanuel Lévinas[3], et cette frontière, sur laquelle le photographe dit qu'il travaille, relève bien moins du fait politique, qu'elle ne se présente dans l'axe d'une dichotomie de sa relation à l'autre et dans l'approche d'une peau qui résonne, au sens strict des mots, d'*un lieu qui fait face*.

Plus que n'importe quelles autres parties du corps, se sont bien celles exposées au soleil et à la vulnérabilité que capte le photographe. Qu'elles portent cette lumière au front, comme d'autres ont de la terre aux ongles, toutes sont le reflet du sol qui les accueille et chaque fragment photographié apparaît tel l'éclat dispersé d'un tout, comme si l'essentiel avait été perdu dans un désastre, c'est-à-dire littéralement séparé d'un astre, pour reprendre une définition de Maurice Blanchot. Et le fragment reste encore, sans doute, le moyen le plus sûr de s'écarter de la tentation récurrente de l'idolâtrie dont l'avatar serait l'identité.

Parce qu'éloignée du reportage et du pittoresque, comme dans le Nouveau Roman, l'observation n'est, ici, en œuvre que pour vouer le descriptif au fiasco de son entreprise. Par la conscience de cet échec, l'œuvre de Didier Ben Loulou appartient à la forme littéraire de l'autobiographie, d'autant que, par ailleurs, son approche esthétique du sujet est indissociable d'une détermination qui engage toute sa vie.

Le mot arabe *al djarb*, qui signifie, pour les théologiens, la toute puissance de Dieu sur l'homme, sa soumission et sa réduction, est aussi la racine étymologique du mot *algèbre*. De cette manière, on peut comprendre la relation qui s'établit entre dessein et dessin, on peut envisager que l'œuvre photographique de Didier Ben Loulou soit ainsi la figure esthétique de cette soumission au destin.

Jacques Py
14 juin 1996

1 *Pièces sur l'art, Œuvres complètes* – Gallimard, Bibliothèque de la Pléiade.

2 Depuis très longtemps les épreuves photographiques de Didier Ben Loulou sont réalisées suivant le procédé Fresson. Il s'agit d'une technique de tirage inaltérable réalisée avec du papier dessin sur lequel on insole, à partir d'un cliché projeté, une gélatine préalablement sensibilisée à la lumière. Après les différentes expositions correspondant à la sélection colorée de l'image initiale, les poudres pigmentaires de trois couleurs primaires et du noir viendront successivement se fixer dans les fibres du papier, lors du développement de l'image.

3 *Ethique et infini* – Paris, Fayard, 1982.

Between Shadow and Light: Colour

Colour, the artists speaks colour, and responds to colour with colour. He lives within his subject, within that which he seeks to capture, and in perpetual temptation, challenge, examples, problems, analysis, and intoxication. It may be that he sees that which he imagines, and imagines that which he sees[1]

Paul Valéry

I know him solely through his colour photographs, intimately linked with the city of Jerusalem. I know only of his anxious questioning and his desire to portray the inextricable overlap between man and territory. In this elusive city, politically and physically divided into religious and ethnic partitions, Didier Ben Loulou seeks to unite, through colour, enduring imprints and fleeting shadows. In the breach created when a moment of time in the memory of the Eternal City is captured, the image wavers between sharp focus and a fleeting blur. Places whose stories are fossilised in the gleam of stone, in careless traces of chalk and absorbing shadow vie with flowing gestures, turning heads or swerving bodies. The unavoidable rupture between the permanent and the transient dictates the way Didier Ben Loulou places colour within his frame, as if the photograph's coherence were dependent on the rift created by this disassociation.

Didier Ben Loulou physically endows the worldly presence of this chosen city with his personal view of its history and urban geography. To live there was to intentionally choose the uneasy relationship between his own ephemeral existence and the permanence of a site three thousand years old, three times taken over by monotheisms, and which has three times forbidden the representation of living human beings... It is this coexistence with the city and his sense of purpose linked with an intentional technical approach that give his work life and meaning.

There is no conflict between man and territory: for Didier Ben Loulou they are perceived by him as one and the same. His photographs are neither landscapes nor portraits: a face appears as the reflection of a space. It is not posed: through this mirroring process it becomes the incarnation of a patch of land, its colour made flesh, caught by the camera and retranscribed by the texture of a carbon print[2]. "A direct ethical relationship with the face is established" as Emmanuel Lévinas puts it[3]. This frontier – on which Didier Ben Loulou says he works – is less the product of political reality than the manifestation of the dichotomy of his relationship with the "other" and his approach to a patch of skin re-echoing, and confronting, a physical space.

It is those unprotected parts of the body, the parts exposed to the sun, which interest this photographer. Whether it be a play of light on the brow, or dirt in the fingernails, his subjects reflect the earth and appear as one dispersed fragment of a whole, as if the essential had been lost in some disaster or, in the words of Maurice Blanchot, "literally separated from a star". And to capture the fragment doubtlessly remains the surest way to avoid the recurring temptation of idolatry and hence identification.

Avoiding reportage and florid description, as does the Nouveau Roman, his observations are made in full knowledge that the descriptive is doomed to failure. Because Didier Ben Loulou is conscious of this failure, his work is literary in form: it is autobiographical insofar that there is an indissociable link between his aesthetic approach to the subject and his overall commitment and fixity of purpose.

The Arabic word *al djarb* – interpreted by theologians as God's supremacy over man, or man's submission and reduction – is also the etymological root of the word *algebra*. This can help us to understand the connection between the French words dessein (design in the sense of scheme, or – by extension – destiny) and dessin (design in the creative sense) and thus how Didier Ben Loulou's photographic work is the aesthetic representation of his submission to destiny.

Jacques Py
June 14, 1996

1 *Pièces sur l'art, Œuvres complètes* – Gallimard, Bibliothèque de la Pléiade.

2 For a good number of years, Didier Ben Loulou's photographs have been printed by the Fresson process. This is a fast colour printing technique using drawing paper on which light-sensitised gel is exposed to an image from a projected negative, the number of exposures corresponding to the range of colours selected from the initial image. During development, pigments in the three primary colours plus black are successively fixed in the fibres of the paper.

3 *Ethique et infini* – Fayard, Paris, 1982.

ENTRE OMBRE ET LUMIÈRE :
J É R U S A L E M

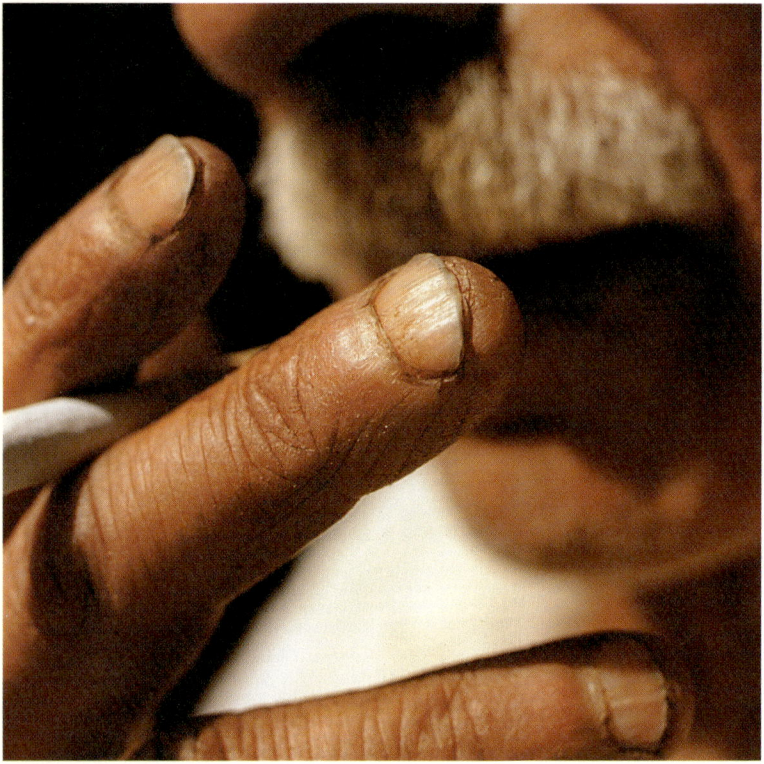

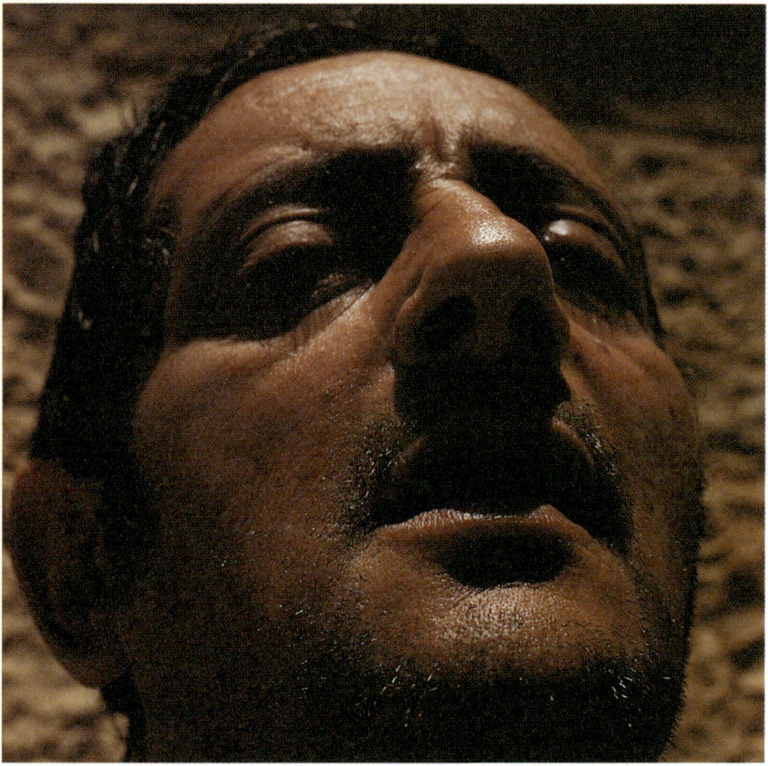

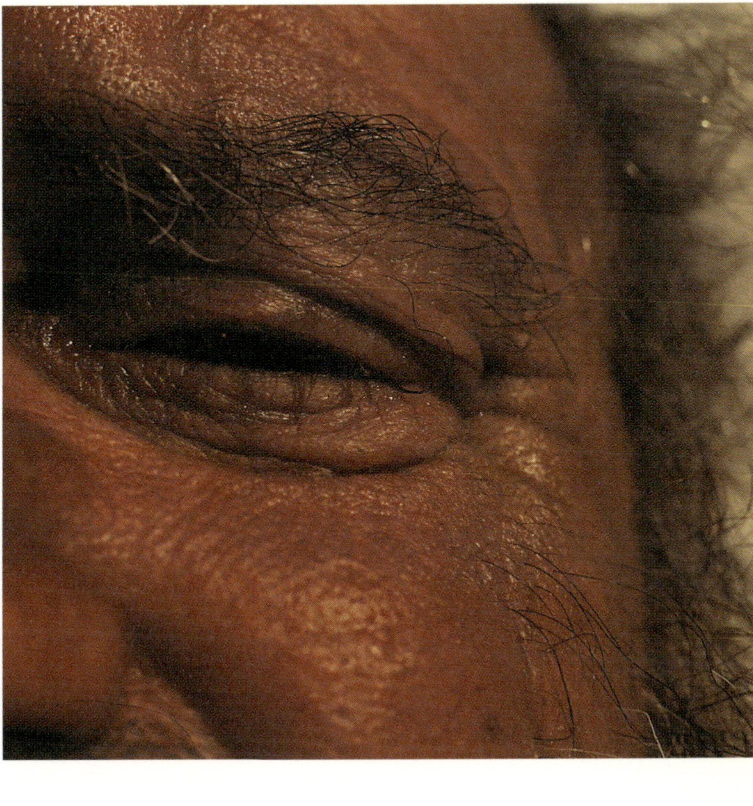

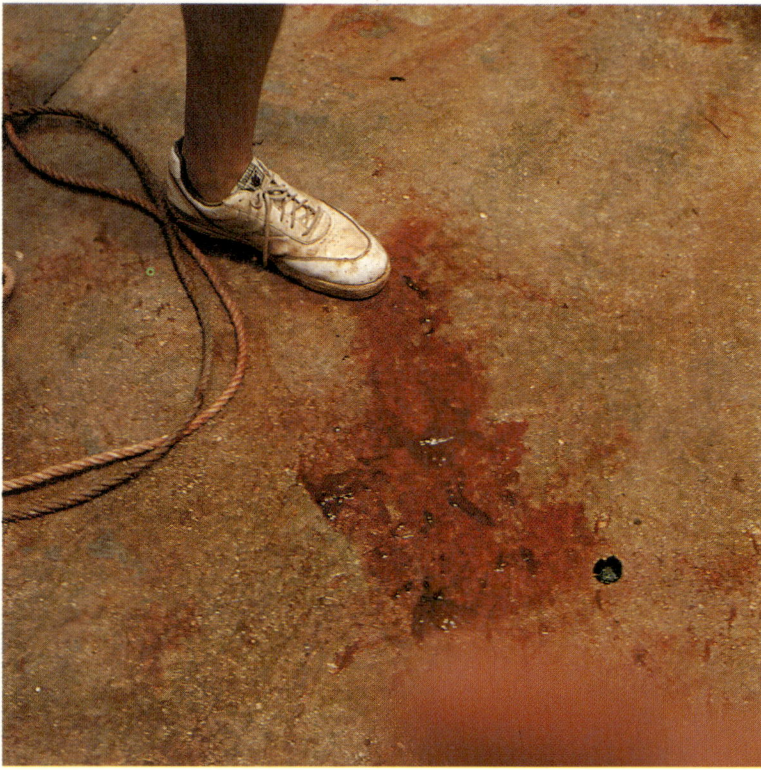

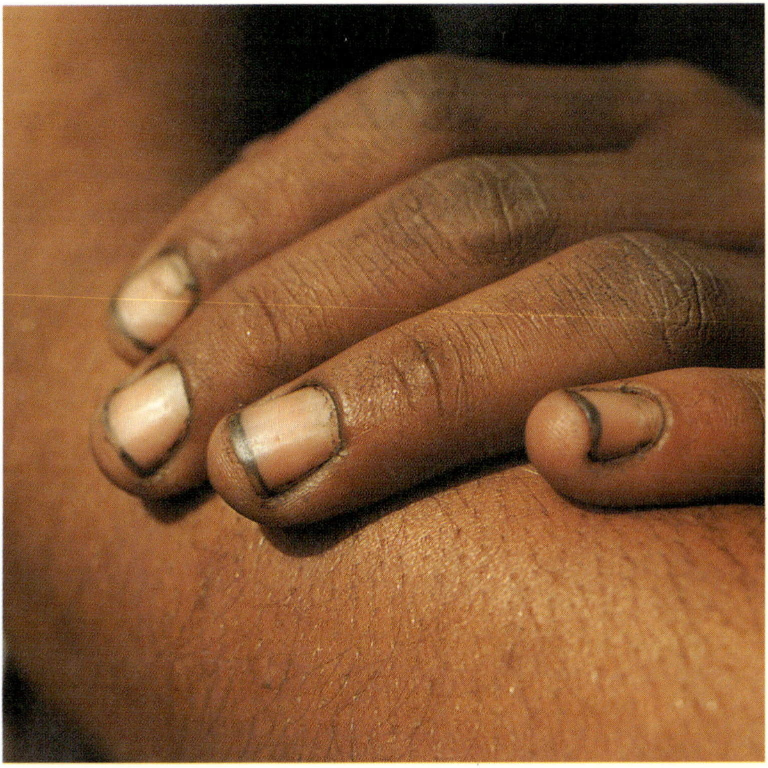

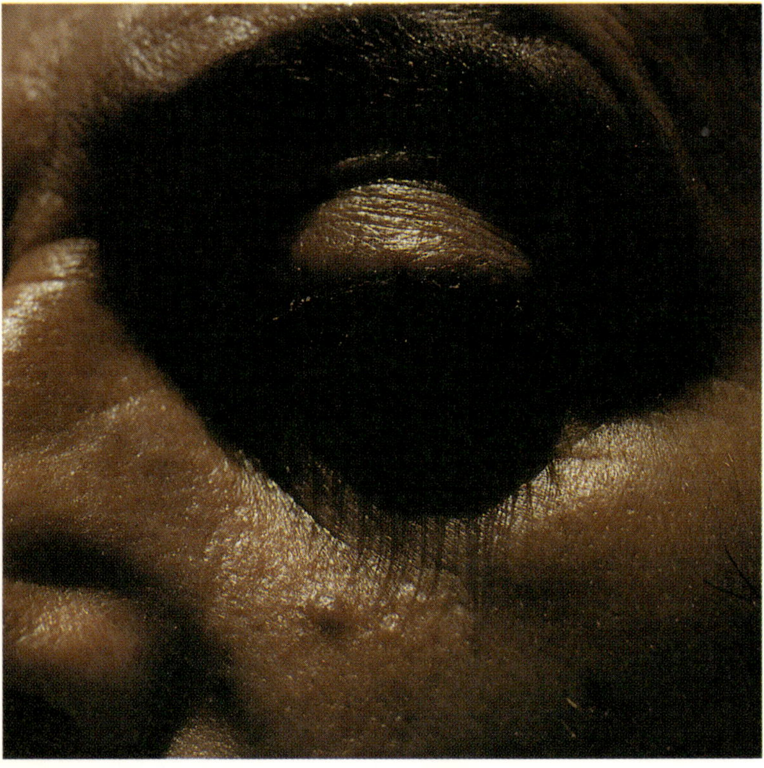

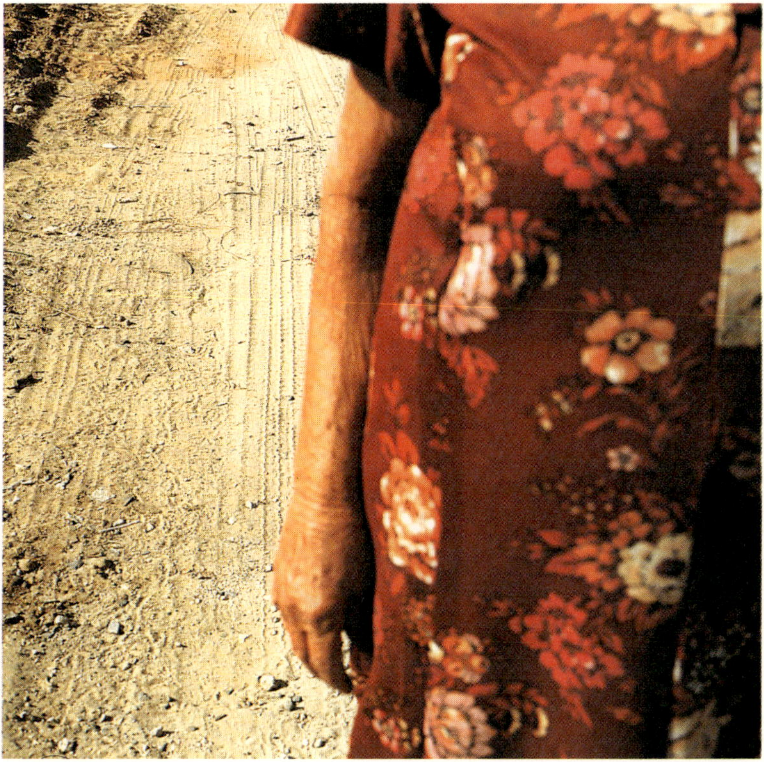

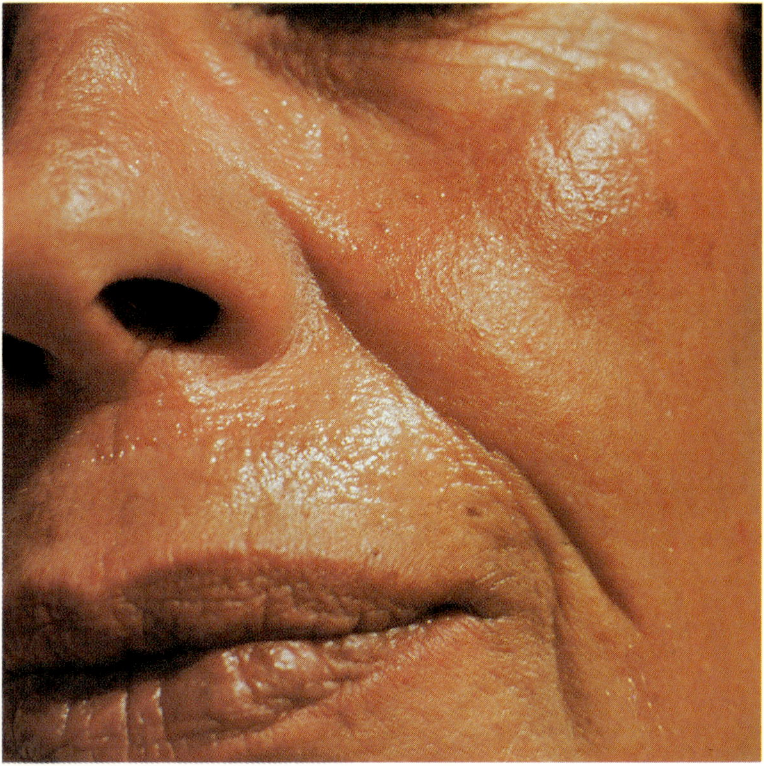

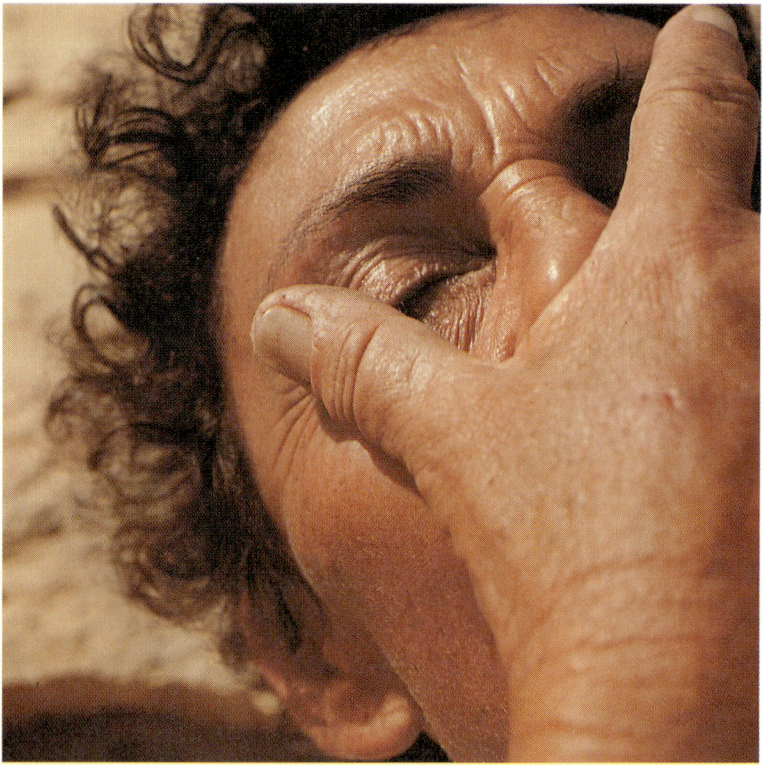

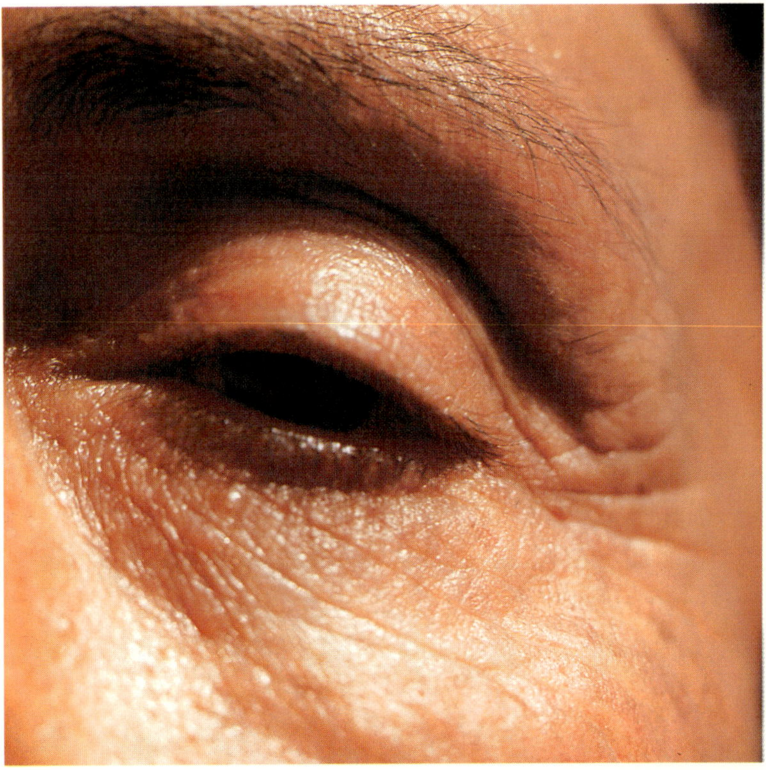

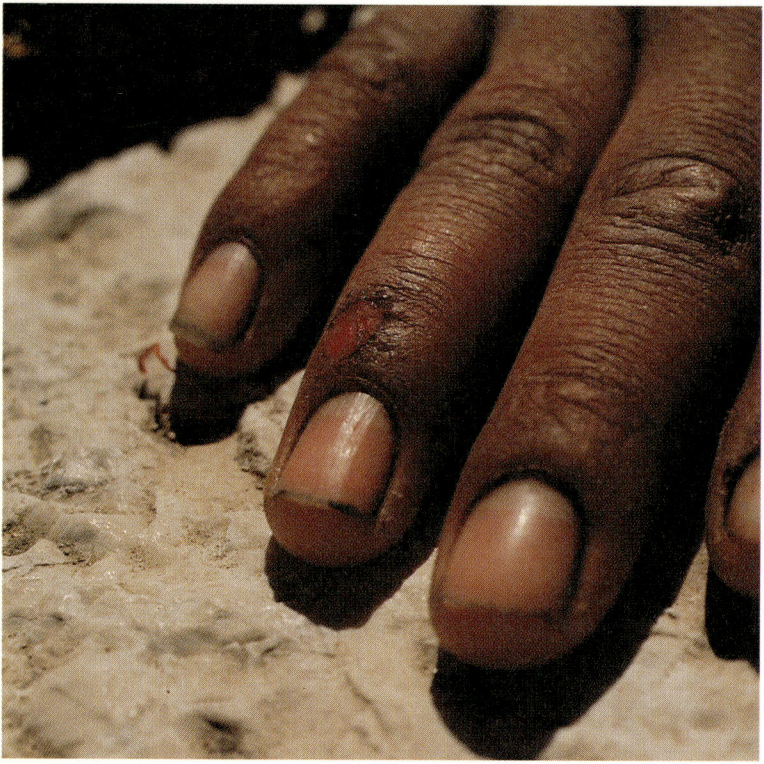

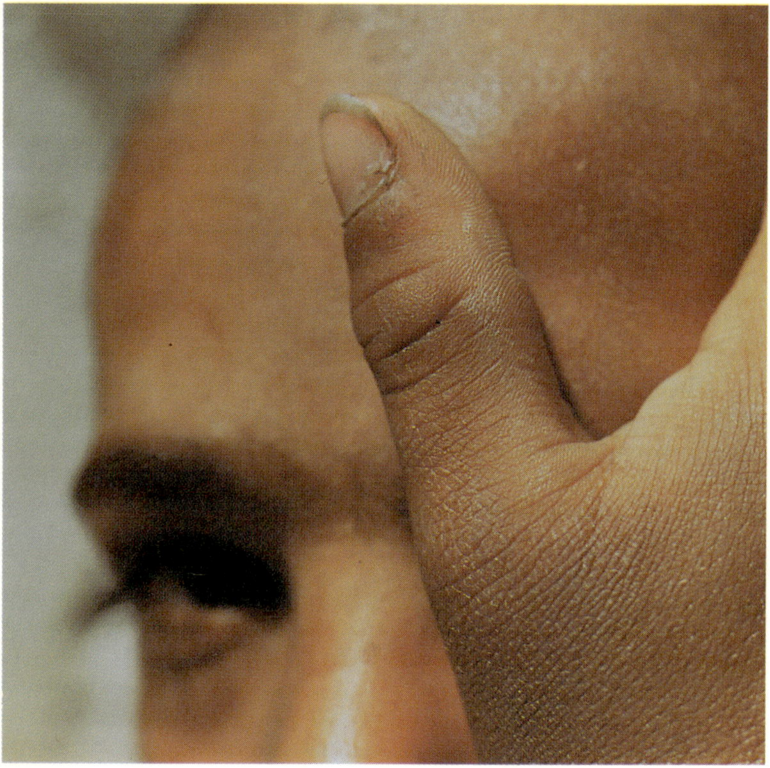

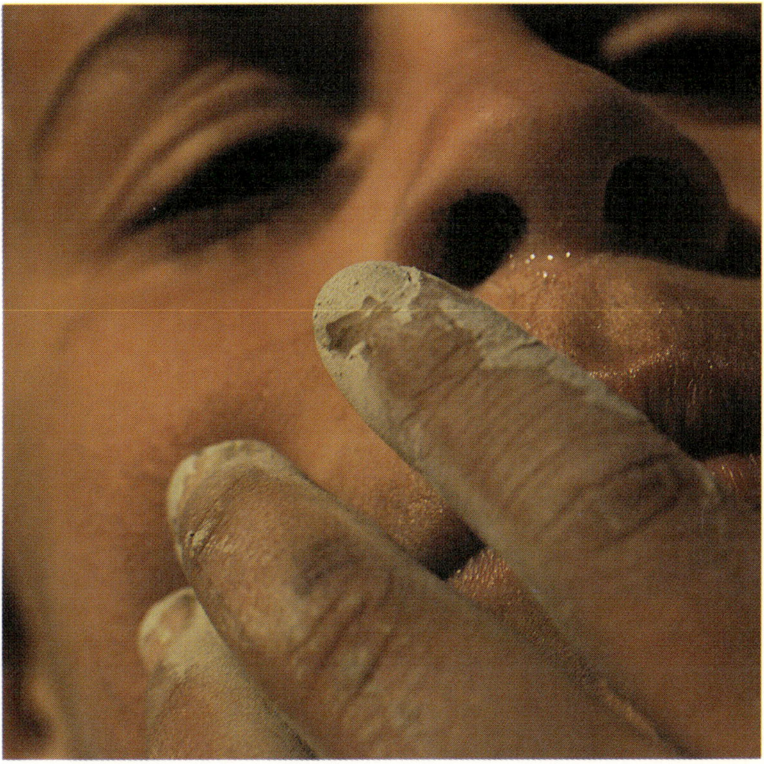

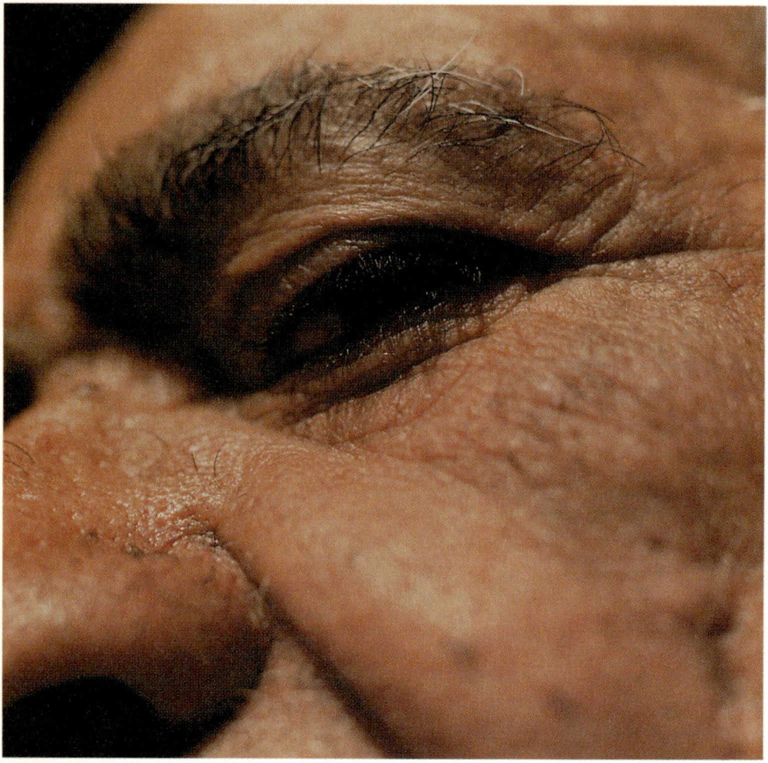

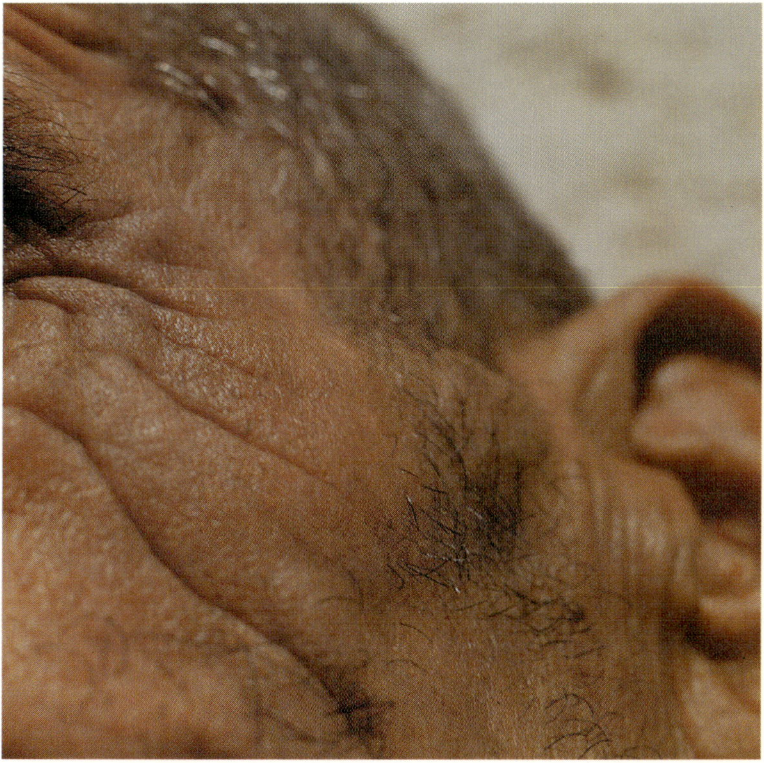

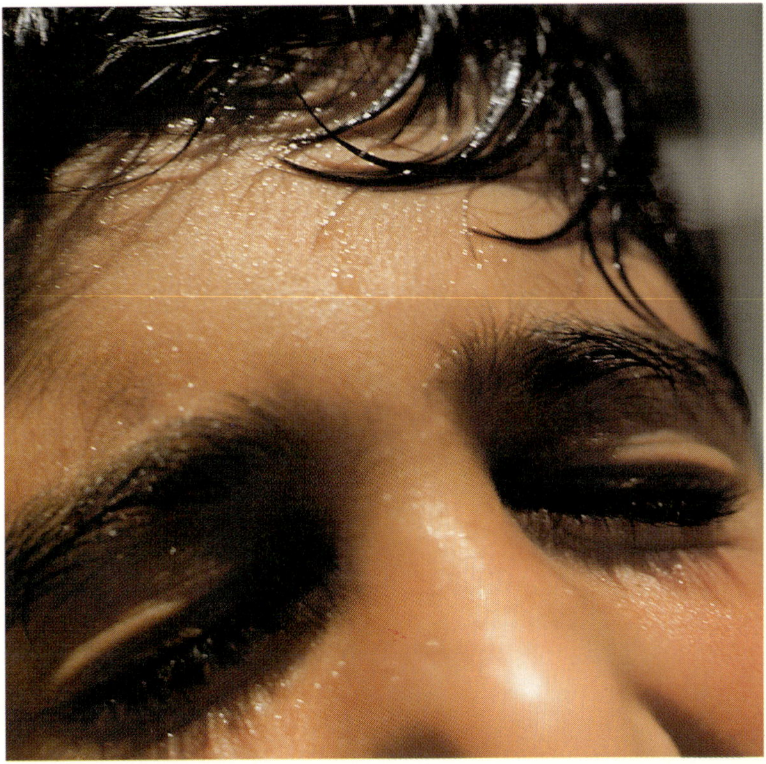

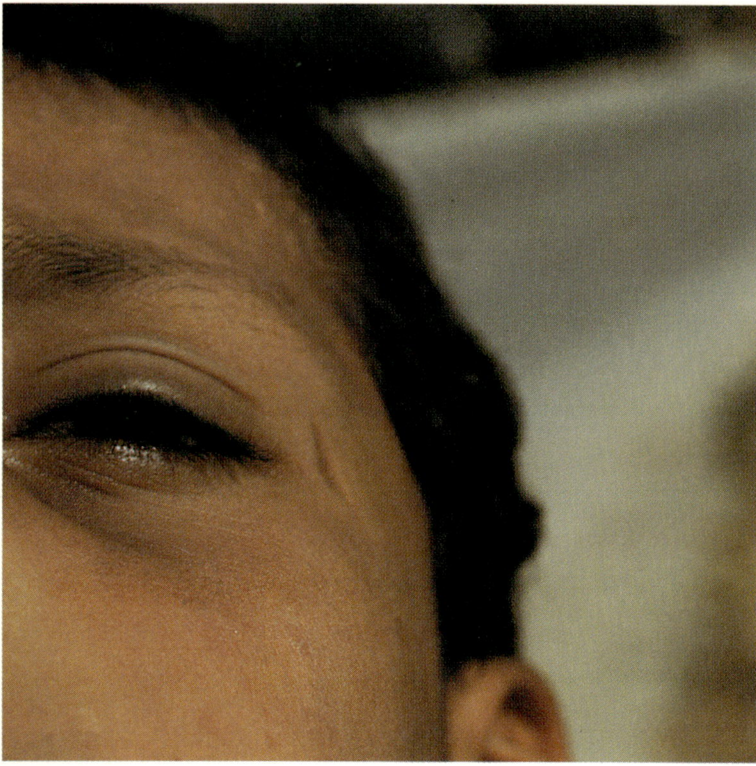

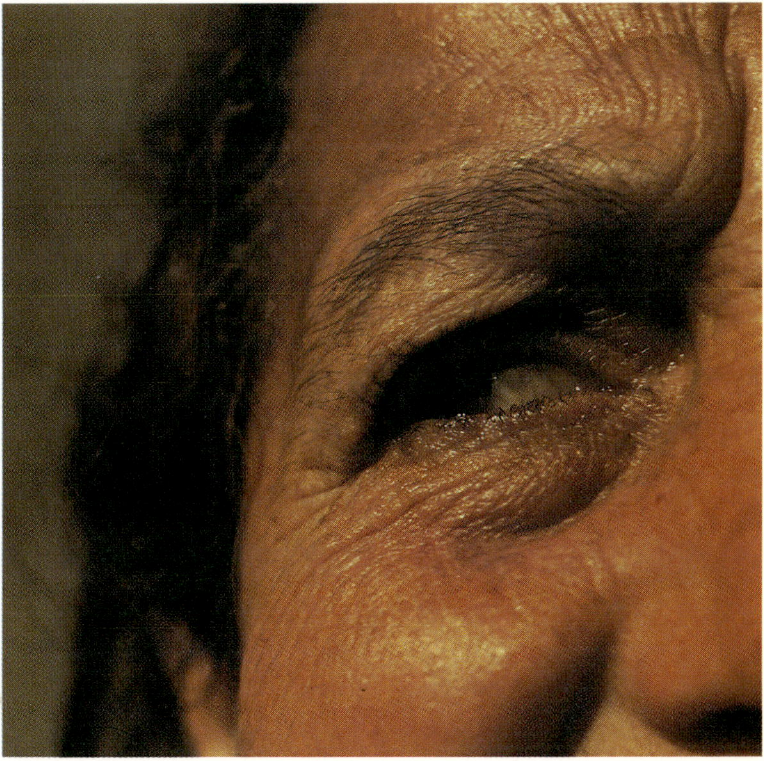

Didier Ben Loulou

Repères biographiques
Michèle Auer

Biographie

1958 né le 29 mai à Paris où il fera ses études
1970 premières photographies avec un Kodak Instamatic
1975-1978 étudie la photographie et l'histoire de l'art à Paris
1978 photographe indépendant
1979 collabore avec divers ateliers photographiques à Paris. Commence à faire tirer ses images dans l'atelier Fresson
1981-1985 en Israël, commence un travail intitulé « La traversée du territoire » dans les environs de Tel Aviv
1982-1985 travaille sur le thème « Visions et traces »
1984 série « Chronique subjective du quotidien »
1985 images de paysages en Israël. Epouse Sabrina
1988 reçoit la bourse des Jeunes photographes européens de l'Office franco-allemand de la jeunesse. Travaille en Europe sur le thème « La vie moderne ». Naissance de sa fille Elia
1990-1991 artiste invité par le Département des Beaux-Arts, Université de Haifa. Naissance de son fils Roni
1993 présente le Prix Niépce (F). Emigre en Israël
1995 lauréat Villa Médicis hors les murs, Ministère des affaires étrangères. Dotation Kodak Europe
1995-1996 artiste invité en résidence chez Diphtong Cie à Marseille. Projet: paysage d'Orphée (recherche photographique faisant écho à la création d'Hubert Colas « La croix des oiseaux »

Biography

1958 born 29 May in Paris
1970 first photographs with a Kodak Instamatic
1975-1978 studies photography and art history in Paris
1978 freelance photographer
1979 collaborates with diverse photographic studios in Paris. Starts to print his images in the Fresson studio
1981-1985 moves to Israel and starts a work « La traversée du territoire » in the suburbs of Tel Aviv
1982-1985 works on the theme of Visions and Traces
1984 series « Chronique subjective du quotidien »
1985 pictures of Israeli landscapes. Marries Sabrina
1988 awarded the Jeunes photographes européens grant, from the Franco-German Youth Office. Works in Europe on the theme « La vie moderne ». Birth of his daughter Elia
1990-1991 guest artist of the Department of Beaux-Arts, University of Haifa, where he teaches. Birth of his son Roni
1993 emigrates to Israel
1995 prize winner of the « Villa Médicis hors les murs » Ministry of foreign affairs. Kodak Europe endowment
1995-1996 resident artist at Diphtong Cie in Marseille (work: landscape of Orphée)

Collections

Bibliothèque nationale Paris, Rheinisches Landes Museum Bonn, Forum Francfort, Musée Nicéphore Niépce Chalon-sur-Saône, Société française de photographie Paris, Artothèque Caen, FRAC Basse-Normandie, Artothèque Grenoble, Maison européenne de la photographie Paris, Espace Saint-Cyprien Toulouse, Musée de la photographie Charleroi, M+M Auer Hermance, Photographic Museum of Finland Helsinki...

Expositions personnelles

1983 The Gallery of Photographic Art, Tel Aviv (IL)

1987 Espace Canon, Paris (F) « Partial View Tel Aviv ». Centre d'art contemporain, Montbéliard (F) « La Traversée des paysages »

1993 Mai de la photo, Reims (F) « Parcours »

1994 Palais du Pharo, Marseille (F). Centre de la photographie, Genève (CH). Galerie Graphes, Paris (F) « Parcours »

1995 Montpellier Photo Visions, Hôtel de Varennes (F) « Frontières ». Triangle, Rennes (F) « L'autre, mon double »

1996 Espace Saint-Cyprien, 11. Forum de l'image, Toulouse (F) « Œuvres photographiques ». « Paysages d'Orphée... » Tour du Roy René Fort St-Jean, Marseille (F) + Théâtre de Cavaillon (F) + La Passerelle, Gap (F) + Festival d'Avignon, La Chartreuse (F). Centre méditerranéen de la photographie, Bastia, Corse. Artothèque

Bibliothèque Grand'Place, Grenoble (F) « Frontières ». Espace Saint-Cyprien, Toulouse (F). Hôtel d'Escoville, Artothèque, Caen (F) « Entre ombre et lumière »

Expositions collectives

1987 *La traversée des paysages,* Biennale, St-Quentin-en-Yveline (F). *Un ensemble de photographes européens,* Musée d'art moderne, Liège (B)

1988 *Les Imagiques,* Fondation Vasarely, Aix-en-Provence (F)

1989 *Des photographes de la vie moderne,* Galerie Arena, Arles (F). *Het Moderne Levem,* Niewe Brabantse Kunst Stichting, Oirschot (NL). *Transformadores Idep,* Barcelone (E)

1992 *Fotofest,* Library of Photography, Houston (USA)

1993 *Collection du musée,* Musée Nicéphore Niépce, Chalon-sur-Saône (F)

1996 *Suds. 8 Photographes N. C.,* Emprin Paris (F) + Photographic Museum of Finland, Helsinki (SF). *Paysages des deux rives 3,* Biennale photographique de Bastia, Corse

Bibliographie

1987 catalogue Mois de la photo, Liège (B) (col). Catalogue « Les Imagiques », Aix-en-Provence (F), Jean Arrouye (col)

1988 catalogue « La Vida Moderna », Photo Workshop, Barcelone (E) (col)

1989 catalogue « Des Photographes de la vie moderne », Arles (F) (col)

1991 «Hot City Tel Aviv in Photographs 1908-1988», Ronit Shani (IL) (col)
1992 «Auer Index des photographes de 1839 à nos jours», Ed. Camera Obscura, Hermance (CH) & Maison européenne de la photo, Paris (F) (col)
1993 catalogue «Territoires», Mai de la photo, Reims (F) Gérard Talva (col)
1995 «L'image de l'autre», Photographie contemporaine en Bretagne, Ed. Triangle (F), Christian Gattinoni
1996 «Didier Ben Loulou», collection Photogalerie 1, Ides et Calendes, Neuchâtel (CH), Jacques Py, Claire Tangy

Presse

1983 Yediot Ahonot, 15 juillet (IL). Jerusalem Post (IL). Koteret Rachi, 29 juillet (IL). Maariv (IL). Photo Reporter 99 (F)
1987 Photographique 113 (F) Dominique Gaessler
1993 Art Press 184 (F) Denis Baudier
1994 Images vol.4-2/94, Centre de la photographie, Genève (CH), Chantal Dahan. Le Monde de la photographie 68 (IL) + texte. Photographies Magazine 61 (F) Dominique Gaessler

Nous remercions la Ville de Caen, le Ministère
de la culture, DRAC de Basse-Normandie, l'Artothèque
de Caen, sans qui cet ouvrage n'aurait pu voir le jour.
Didier Ben Loulou remercie particulièrement Claire Tangy
de l'Artothèque de Caen, Catherine Terrier de Kodak
France, Michel et Michèle Auer, Nathalie Emprin,
l'Association française d'action artistique.

L'édition originale de cet ouvrage
comprend 1000 exemplaires
dont 10 exemplaires de tête,
numérotés 1/10 à 10/10, signés
et présentés dans un coffret,
accompagnés d'un tirage original.

Achevé d'imprimer en août 1996
par l'imprimerie Hertig à Bienne.
La photolitho a été réalisée
par Busag Premedia à Niederwangen
et le brochage par
Mayer & Soutter à Renens.

ISBN 2-8258-0115-1

Imprimé en Suisse